M. BONNE-GRACE,

OU

LE PETIT VOLAGE,

COMÉDIE EN UN ACTE,

MÊLÉE DE COUPLETS.

Par MM. GEORGES DUVAL et D***.

Représentée, pour la première fois, sur le Théâtre des Variétés, boulevard Montmartre, le 24 Mai 1808.

PRIX : 1 fr.

A PARIS,

Chez Madame CAVANAGH, Libraire du Théâtre des Variétés, Passage du Panorama, N°. 5, près du Boulevard.

1808.

PERSONNAGES. ACTEURS.

PERSONNAGES.		ACTEURS.
Mlle. LEGRIS, lingère.		Mad. DROUVILLE.
MINETTE.	} ses cousines et pupilles. {	Melle. PAULINE.
URSULE.		Mlle. ALDEGONDE.
LOUISON.	} ses ouvrières. {	Mlle. JOSEPHINE.
CATHERINE.		Mlle. HUGOT.
COCOTTE, apprentie.		La petite DÉSIRÉE MATHIEU.
BONNE-GRACE, clincailler.		M. BRUNET.
BESICLE, opticien, oncle de Mlle Legris.		M. VAUXDORÉ.
SAINT-LEGER, maitre de danse.		M. CAZOT.
DOUCET, confiseur.		M. LIEZ.

La Scène est à Paris, rue de la Féronnerie.

Le théâtre représente une boutique de lingère. Au fond une porte vitrée; à droite et à gauche des comptoirs, garnis de têtes à bonnet, de paquets, d'ouvrages de lingère; et sur le devant, du côté de la droite de l'acteur, un trou assez grand pour passer le tête. Au fond du théâtre des portes-manteaux couverts de robes.

M. BONNE-GRACE.

SCENE PREMIERE.

MANETTE, URSULE, *dans le comptoir à droite de l'acteur,* LOUISON, CATHERINE, *dans le comptoir à gauche.* COCOTTE, *sur un petit tabouret, marquant un canevas.*

MINETTE.

Air : *de la Queue du Diable.*

Il faut travailler sur la terre,
Pour s'amuser, pour s'enrichir ;
Oui , le travail est salutaire ,
Il est le père du plaisir.

TOUTES.

Il est le père du plaisir.　　　　　　　　　(*bis*)

MINETTE.

Ou jeune ou vieux, garçon, ou fille ,
Chacun ainsi passe le temps ;　　　　　　(*bis.*)
Mais pour nous qui tenons l'aiguille ,
Nos travaux sont les plus piquans.

TOUTES.

Mais pour nous , etc.

MINETTE.

même air.

L'auteur, en conduisant sa plume,
Ecrit un livre à l'impromptu;
Malgré le feu qui le consume ,
Souvent l'ouvrage est décousu.

TOUTES.

Souvent, etc.

MINETTE.

De plus d'une pointe qu'il pille ,
Les effets sont insuffisans ; (*bis.*)
Les ouvrages de notre aiguille
Sont mieux cousus et plus piquans.

TOUTES.

Les ouvrages, etc.

URSULE.

Enfin , voilà le couvre-pied de M. Bonne-Grace, clincailler de la rue des Arcis.

LOUISON.

Bon ! il ne viendra plus nous ennuyer si souvent.

MINETTE.

Plaignez vous , Mesdemoiselles , quand ce sont vos beaux yeux qui l'attirent.

URSULE.

Il vient plutôt pour mademoiselle Legris, notre cousine.

LOUISON.

Il ne nous fait la cour à nous qu'en passant.

URSULE.

Et c'est dommage ; je me sentais disposée à en raffol-
ler, aussi mademoiselle Legris nous fait-elle l'honneur
d'être jalouse, quand il reste trop long-temps à la boutique.

MINETTE.

Il n'y a pourtant pas de risque, car... ah ! la voici.

SCENE II.
Les Mêmes, MLLE. LEGRIS.

MLLE. LEGRIS.

Air : *Adieu donc, dame Françoise.*
Allons donc, mesdemoiselles,
Vous ne faites pas un point ;
Vous rêvez aux bagatelles,
Et l'ouvrage ne va point.

MINETTE.
Moi, je travaille très bien,
C'est Ursule.

URSULE.
C'est Minette.

MLLE. LEGRIS.
Personne, je le répéte,
Ici ne fait rien.

TOUTES.
Allons donc, etc.

MLLE. LEGRIS.

Oui, grondez vous mutuellement ; dès que j'ai les
talons tournés, vous avez toutes le nez en l'air.

Air : *Je vous comprendrai toujours bien.*
Vous gronderai-je tous les jours,
Pour l'article de la paresse ?
A lire des romans d'amours,
Avec plus de zéle on s'empresse ;
L'aiguille tombe sous vos doigts,
Et vraiment à présent vos têtes
Sont aussi légères, je crois,
Que les papillons (bis) que vous faites.

URSULE.

Accablez nous d'ouvrage, privez nous de toute espèce
d'amusement, mais ne nous enpêchez pas de parler.

MINETTE,

Ni de chanter.

Air : *Lise chantait.*

En travaillant, lorsqu'on s'ennuie,
Le temps marche si lentement !
Toujours une chanson jolie
Le fait passer rapidement.
Oh ! vous en conviendrez, je gage,
Le travail nous pèse souvent,
Mais, qu'à chanter, on nous engage,
La chanson (bis) fait aller l'ouvrage.

(5)

MLLE. LEGRIS.

Vous avez toujours de bonnes raisons.

MINETTE.

Et de bonnes chansons , le recueil nous vient de la rue du Coq , chez Martinet, marchand de nouveautés.

Air : *de contredanse.*

Le refrein ,
  Malin ,
Nous met en train.
Les airs grivois ,
Et villageois,
Offrent au choix ,
Gaité , saillie ;
  Des
Jolis couplets ,
J'aime les traits ;
Ils sont parfaits ,
Quand la folie
Au sel unie ,
En fait les frais.

TOUTES.

Le refrein , etc.

MINETTE.

Mais lorsque je commence
  Le chant,
  Touchant,
  D'une romance
Mon cœur s'émeut et j'ai souvent
Versé les pleurs du sentiment.

TOUTES.

Le refrein , etc.

MLLE. LEGRIS.

Quel train! quel bruit! vous tairez-vous ?

MINETTE.

En finisant ma chanson , j'ai fini mon bonnet.

URSULE.

Moi , mon papillon.

LOUISON.

Moi, ma garniture.

CATHERINE.

Moi, mon ourlet.

COCOTTE.

Et moi , ma marque.

MLLE. LEGRIS.

C'est heureux. Catherine, prenez un carton , mettez y les ouvrages de ces demoiselles. A propos, et le couvre-pied de monsieur Bonne-Grace ?

MINETTE.

Il est achevé.

MLLE. LEGRIS.

Tant mieux, c'est une pratique excellente. Il y a toujours quelque chose à faire pour lui. S'il vient pendant mon absence, ne le faites pas attendre, rendez lui ses commandes tout de suite ; et ne vous amusez pas comme à l'ordinaire à le lutiner.

URSULE.

C'est bien plutôt lui, ma cousine, qui cherche. . . .

SCÈNE III.

Les Mêmes, BONNE-GRACE, *arrivant avec des chenets, une pelle, une pincette, un soufflet et des plaisirs dans un cornet.*

BONNE-GRACE.

Bonjour, belles demoiselles Mlle. Legris, votre petit serviteur. Je vous apporte les divers ustenciles de ménage que vous m'avez demandés, une pelle, des pincettes, et par surérogation le mieux conditionné de mes feux.

MLLE. LEGRIS.

Ah ! c'est charmant, vous êtes d'une exactitude. . .

BONNE-GRACE.

Bien naturelle auprès de l'objet qu'on chérit. Je viens en outre vous faire une commande pour une voisine de dessus mon carré.

MLLE LEGRIS.

De dessus votre carre ?

BONNE-GRACE.

Air : *la Nature.*

Un pauvre petit innocent
Prévenant l'espoir de son père,　　　　　(bis.)
Se prépare à voir la lumière.
Rien n'est prêt pour son vêtement.
Ou garçon, ou fillette,
Ce fruit d'un tendre amour,
Vous implore en ce jour,
Et compte sur vous pour
　　Sa layette.

MLLE. LEGRIS.

Et vous croyez que ?. . . .

BONNE-GRACE.

N'êtes-vous pas lingère de votre état ? n'avez-vous pas ma pratique ?

MLLE. LEGRIS.

Il est vrai, mais. . . .

BONNE-GRACE.

Que ma demande a-t-elle donc d'étonnant, de surprenant ?

MLLE. LEGRIS.

Je ne dis pas que si c'était sur un autre carré. . . . .

BONNE-GRACE.

Ah ! je vois, je devine, j'y suis. Un mouvement de jalousie, mais il n'y a pas de quoi, la voisine a un mari, un époux.

(7)

MLLE. LEGRIS.

A la bonne heure.

BONNE-GRACE.

" Il y a eu avant-hier six mois qu'ils ont contracté à la municipalité du neuvième, j'étais le témoin du futur.

MLLE. LEGRIS.

En ce cas, Mesdemoiselles, vîte à l'ouvrage, pour la layette de Monsieur.

BONNE-GRACE, *à Minette.*

Il y aura pour les demoiselles, vous savez que je ne les oublie pas.

COCOTTE.

Il n'y a que moi que vous oubliez, vous ne m'apportez jamais rien.

BONNE-GRACE.

Petite espiègle !

Air : *la peine et le plaisir.*

Age charmant qui méconnait la peine
Et que toujours vient chercher le plaisir ;
Jamais l'amour ne t'a causé de peine,
Et des hochets causent tout ton plaisir.
En attendant l'inévitable peine,   (bis.)
Voilà, mon cœur, pour deux sous de plaisir.   (bis.)

(*Il ouvre le cornet, et lui donne les plaisirs.*)

MLLE. LEGRIS, *bas à Bonne-Grace.*

Vous venez toujours à l'heure où ces demoiselles y sont. Comment parler de nos arrangemens ?

BONNE-GRACE, *de même.*

J'y ai pourvu, je m'en suis occupé. (*Haut.*) Je viens de recevoir une lettre de province, dans laquelle on me demande ce qu'il y a de plus nouveau dans les modes. Pourriez-vous me régler cet article ? Ce serait une bonne fourniture à faire.

MLLE. LEGRIS.

Je ne demande pas mieux.

Air : *du ballet des Pierrots.*
Les esprits sont fort en usage.

BONNE-GRACE.
Oui, sur la tête, et non dedans.

MLLE. LEGRIS.
Le bonnet dragon se propage,
Il rend les minois fort piquans.

BONNE-GRACE.
Je crois cette mode assez bonne,
Mais telle porte sans façon,
Joli bonnet à la dragonne,
Qui n'est pourtant pas un dragon.

MLLE. LEGRIS.

Allons, Mesdemoiselles, montez au magasin, et préparez ce que M. demande.

(8)

BONNE-GRACE.

Oui , allez préparer ma layette. (*Bas à minette.*) J'ira
au magasin vous parler. (*Bas à Ursule.*) Quand elle se
partie , je vous dirai deux mots.

MLLE. LEGRIS.

Air : *quel Carillon.*

Au magasin ,
Allez chercher de l'ouvrage,
Au magasin ,
Montez sans faire de train.

TOUTES.

Au magasin , etc.

MLLE. LEGRIS.

Quel carillon ;
Pourquoi donc tout ce tapage ?

BONNE-GRACE.

Feriez-vous donc
Aux femmes baisser le ton?

TOUTES.

Au magasin , etc.

SCENE IV.

Melle. LEGRIS, BONNE-GRACE.

MLLE. LEGRIS.

Nous voilà seuls , causons. Pourquoi donc, M. Bonne-
Grace, retarder toujours l'instant qui doit nous unir?
J'ai vingt-neuf ans , le tems passe , le quartier jase;
vous m'avez fait manquer trois occasions, et vous n'en
finissez pas.

BONNE-GRACE.

Que voulez-vous ? je viens de former un établisse-
ment, les fonds sont bas , les articles restent au magasin.
et pour se marier il faut du comptant.

MLLE. LEGRIS.

Pourquoi donc me faire la cour?

BONNE-GRACE.

Il n'y a pas besoin d'argent pour çà. Mais la municipalité , les droits curiaux , les toilettes , les trousseaux ,
les repas, les bals, çà coûte, çà met en dépense.

MLLE. LEGRIS.

On peut se marier sans violon.

BONNE-GRACE.

Fi donc, de quoi aurait-on l'air , à quoi ressemblerait-
on ? Et puis il faut un repas, je ne puis pas payer les
violons avec des chenets, le notaire avec des pincettes,
et le traiteur avec un soufflet.

MLLE. LEGRIS.

Toutes ces défaites là prouvent que vous ne m'avez
jamais aimée , vous ne vous marierez jamais , vous êtes
un célibataire déterminé.

(9)

BONNE-GRACE.

Air : *Il sert et la gloire et l'amour.*

Fidèle aux lois du dieu d'amour,
Jusqu'à vingt ans, selon l'usage,
Aux fillettes, j'ai fait ma cour
Sans m'occuper du mariage :
Mais il ne se peut pas vraiment
Que j'achève ainsi ma carrière,
Je n'ai pas assez de talent
Pour faire un vieux célibataire.

MLLE. LEGRIS.

Ingrat, c'est pourtant votre projet.

Air : *d'une simphonie d'Haydn.*

Ah pourquoi,
Lorsque j'ai ta foi,
Retarder l'instant d'être à moi.

BONNE-GRACE.

Ah pourquoi
Douter de ma foi,
N'ai-je pas juré d'être à toi ?

MLLE. LEGRIS.

Le bonheur fuit rapidement ;
Il faut le saisir au moment.

BONNE-GRACE.

Les amours,
Sont chez toi pour toujours.
Sur des fleurs
De mille couleurs,
Papillon léger
Veut voltiger.
Mais bientôt le fripon
Revient à la rose en bouton.

ENSEMBLE.

MLLE. LEGRIS.	BONNE-GRACE.
Reviens donc, papillon fripon,	Calme donc, séduisant tendron,
Un noir soupçon	Le noir soupçon
Vient troubler ma raison.	Qui trouble ta raison.

Par nos nœuds,
Si tu veux,
Rose et papillon seront heureux.

MLLE. LEGRIS.

Je me livre à toi. Mais ces demoiselles ne reviennent
pas, l'amour ne saurait m'empêcher de veiller à mes
intérêts... à nos intérêts... je monte au magasin.
(*Ils reprennent le duo.*)
Reviens donc, etc.

SCENE V.

BONNE-GRACE, *seul.*

Moi, m'enchaîner ! eh ! bien oui, j'aurais bonne grâce

vraiment à songer au mariage, à trente-neuf ans trois mois; dans quinze ou vingt ans à la bonne heure. Jusque-là, clincailler voltigeur, courons de boudoir en boudoir, de salons en salons; posons des patères aux rideaux, ajustons des nœuds, et ne serrons pas ceux de l'hyménée.

Air : *Si des tristes cyprès.* (*d'Anacréon.*)

Quand on se voit si près
De se mettre en ménage,
On voudrait à grands frais
Retarder le voyage. (Ter.)

SCENE VI.

Mlle. LEGRIS, BONNE-GRACE, TOUTES LES OUVRIÈRES.

MLLE. LEGRIS.

M. Bonne-Grâce vous pouvez compter sur votre assortiment pour demain, et sur votre layette pour ce soir.

BONNE-GRACE.

Il suffit, je m'en vais, je me retire.

MLLE. LEGRIS.

A propos, et la flèche pour mon lit?

BONNE-GRACE.

Votre flèche? elle m'est sortie de la tête. Je vous l'apporterai demain matin dans la matinée. (*Bas à Minette.*) Je reviendrai ce soir quand elle sera sortie.

MLLE LEGRIS.

Air : *du vaudeville des toits.*

Demain vous ferez diligence.

BONNE-GRACE.

Comptez sur mon empressement,
Quand je m'éveille à vous je pense,
Mais pour ce soir c'est différent.
Je vais prendre mon petit verre
Avec ma demi-tasse au lait,
Chez la belle limonadière
Du joli café du Bosquet.

SCENE VII.

Les Mêmes, excepté BONNE-GRACE.

MLLE. LEGRIS.

Mesdemoiselles, je suis obligée de sortir. Pendant mon absence, s'il vient des habitués, ne surfaites pas. Si ce sont des dames, soyez engageantes ; des hommes, répondez à demi-voix et baissez les yeux.

URSULE.

Je m'en souviendrai

MLLE. LEGRIS.

Si le confiseur Doucet, vient comme à l'ordinaire, vous faire sa cour, en parlant par devises; et le maître de danse

Saint-Léger, en faisant des entrechats, priez les honnête-
ment de passer la porte ; ayez soin aussi que les rideaux
soient bien fermés. Quand on ne peut pas voir ce qui est
dans la boutique, on y entre, et quand on y entre, en
ne sort pas sans acheter.

MINETTE.

Nous le savons, ma cousine.

MLLE. LEGRIS.

D'ailleurs le demi-jour est favorable aux marchandises
et à la figure des marchandes ; sans être coquettes, il ne
faut pas négliger ses avantages.

(*Elle sort avec Catherine.*)

SCENE VIII.

MINETTE, URSULE, LOUISON, COCOTTE.

MINETTE, *à Ursule.*

La voilà partie, causons de nos petits intérêts.

(*Elles quittent le comptoir.*)

LOUISON.

J'aurai le temps d'ourler ce soir mes cravattes, je
vais achever mon livre.

COCOTTE.

Je finirai tantôt mon alphabet. Louison, donne moi
ma poupée.   URSULE.

Sais-tu que Mlle. Legris est bien ridicule , et que si
nous restons chez elle, nous courons risque de ne pas
nous marier de sitôt.

MINETTE.

Heureusement que nous sommes en mesure ; Saint-
Léger et Doucet doivent faire leur demande cette
semaine.

URSULE.

Oui , mais nous dépendons d'elle, et comme elle n'est
pas mariée, elle ne voudra pas que nous le soyions avant
elle... cependant. · . .

Air : *on dit qu'à quinze ans.*

On dit qu'à quinze ans
Il faut songer au mariage ,
Pour nous il est temps.

MINETTE.

Mais notre cousine a trente ans.

Air : *Il est trop tard.*

Il est bien tard
Pour que l'hymen l'engage,
A moins pourtant qu'un secourable fard ,
Cachant aux yeux les traces de son âge ,
Ne fasse croire à quelqu'un par hasard
Qu'il est moins tard.

SCÈNE IX.

Les Mêmes, SAINT-LÉGER, *portant une pochette,* **DOUCET,** *une boëte de dragées.*

SAINT-LÉGER, *arrive en sautant.*

Bonjour charmante Minette ; de la rue des Lombards ici, je n'ai fait qu'un saut. J'étais sur le pas de la boutique de Doucet, j'ai vu passer votre maitresse, et j'ai dit, allons voir les nôtres.

DOUCET.

Celles qui règnent sur nos âmes ,
Qui savent allumer nos flâmes.

MINETTE.

Ah ! des fadeurs.

DOUCET.

Non, ce sont des douceurs,
Pour captiver vos cœurs.

(Il offre sa boîte.)

SAINT LEGER.

Il ne parle que par distiques.

URSULE.

Vous voulez dire par devises.

SAINT LEGER.

C'est tout un.

COCOTTE.

Monsieur Doucet, donnez moi aussi des dragées, je ne dirai pas à Mademoiselle que vous êtes venu.

MINETTE.

Oh ! la petite intéressée !

SAINT LEGER.

Ferme lui la bouche.

DOUCET.

Tiens, petite mutine,
Croque cette praline.

MINETTE.

Ah çà , Messieurs, êtes vous enfin décidés à demander nos mains.

DOUCET.

Etre un jour vos époux ,
Sont nos vœux les plus doux.

SAINT LEGER.

Air : *Adieu, je vous fuis , bois charmant.*

A la cousine , dès demain ,
Je vous demande en mariage ,
Et pour obtenir votre main,
Je n'attendrai pas davantage.
C'est trop rester dans l'embarras ,
Pour terminer enfin la danse
Aujourd'hui je saute le pas,
Depuis trop long-temps je balance.

(Il danse en chantant le refrein.)

(13)

MINETTE.

Je crains les objections de ma cousine ; car enfin, me
dira-t-elle : épouser un maître de danse, c'est un état
de luxe, à quoi cela te menera-t-il ?

SAINT LEGER.

A quoi ?

(*Il chante et danse à la fois, en indiquant chaque figure.*)

Air : *de la Poule.*

A figurer avec souplesse ,
Marcher avec légéreté ,
A se tirer avec adresse
D'un dos-à-dos , d'un balotté ,
A savoir d'une jambe sûre ,
Faire des ailes de pigeon ,
Et battre l'exacte mesure
Des quatre temps du rigaudon ;
Faire avec méthode une passe ,
Avec élégance , un chassé ,
La chaîne et la poule avec grace ,
Avec à-plomb le balancé,
Enfin , à bien sauter l'anglaise
Walser l'allemande au parfait ,
Danser vivement la française ,
Et gravement le menuet.
Or , avec paraille science ,
On n'est jamais embarrassé ,
Et dans aucune circonstance ,
On ne se trouve déplacé.

MINETTE.

Elle ne résistera pas à des raisons de cette force là.

URSULE.

Songe donc à ce que tu disais tout-à-l'heure, qu'elle
ne nous laissera jamais marier avant elle.

MINETTE.

Eh ! bien ?

Air : *marions , marions nous.*

Marions , marions , marions la ,
Cette affaire
Doit lui plaire.

TOUS.

Marions (ter.) la ,
Et puis , notre tour viendra.

MINETTE.

Ecoutez, il y a ce soir loto chez monsieur Besicle,
son oncle ; elle n'y manquera pas , revenez à six heures ,
mon projet sera formé ; je vous en instruirai.

DOUCET.

D'un projet si malin ,
Le succès est certain.

SCÈNE X.

Les Mêmes, BESICLE.

LOUISON , *tenant son livre , et reprenant son ouvrage.*

Oh ! c'est M. Besicle. (*Elles rentrent dans le comptoir.*)

BESICLE.

Oui , Mesdemoiselles , c'est moi. Que font ici ces Messieurs ?

MINETTE.

Vous voyez, ils marchandent.

BESICLE.

Et n'achètent pas, je parie, c'est toujours comme çà maintenant, et voilà ce qui tue le commerce.

SAINT LEGER.

Mademoiselle, vous ne voulez pas diminuer le prix ?

BESICLE.

Hem ! qu'est-ce que M. demande donc ?

SAINT LEGER.

Des faveurs.

BESICLE.

Des faveurs !

Air : *morgué, ta mère est bon sauvage.*

Eh messieurs , c'est une folie,
Doit on marchander les faveurs ,
C'est une chose si jolie....
Mais vraiment il n'est plus de mœurs !
L'un veut surfaire avec usure.
L'autre veut marchander....

SAINT LEGER.

Eh bien.
Il vaudrait mieux, la chose est sûre,
Donner les faveurs pour rien.

BESICLE.

Oui dà !

SAINT LEGER.

Mais quel intérêt prenez-vous ?...

BESICLE.

J'en ai le droit, je suis l'oncle de la boutique, i'y suis pour l'intérêt d'une somme conséquente, prêtée à Mlle. Legris, ma nièce, et j'ai le droit de savoir ce qui s'y fait.

SAINT LEGER.

Mademoiselle, nous ne nous arrangeons pas maintenant, nous viendrons dans un autre instant.

MINETTE.

Quand vous voudrez, M. vous serez toujours bien reçu.

DOUCET.

Je reviendrai, car je ne veux
Que de vous seule avoir des nœuds.

BESICLE.

Dieu me pardonne, il parle en vers.

SAINT LEGER.

Est-ce que vous vous connaissez en vers , Monsieur ?

BESICLE.

Si je me connais en vers! moi, marchand de lunettes depuis 35 ans, opticien, miroitier, je me connais en verres de toute espèce.

SAINT LEGER.

Adieu , monsieur...

BESICLE.

Besicle , quai de la Mégisserie , à la lunette acromatique, si vous avez besoin de conserves, de verres verts, de lunettes fortes, de télescopes , de glaces pour portraits, de lorgnettes de spectacles.....

SAINT-LEGER.

C'est un assortiment complet.

BESICLE.

Vaudeville de l'Avare.

J'ai des lunettes si propices ,
Qu'au spectacle , le plus obtus ,
En lorgnant , une aimable actrice
Croit vraiment avoir l'œil dessus ,
Mais , je vais en composer une ,
Qui fera voir bien à propos
Acteurs et pièces sans défauts.

SAINT-LÉGER.

Ah! vous allez faire fortune.

(*Ils sortent , Saint-Léger sort en dansant.*)

DOUCET.

Adieu, bien le bonsoir ,
Au plaisir de vous voir.

SCENE XI.

MINETTE, BESICLE, URSULE, LOUISON, COCOTTE.

BESICLE.

Ma nièce est-elle sortie pour long-temps?

MINETTE.

Non, M. Besicle, elle est allée chez des pratiques du quartier.

BESICLE.

Tant mieux, je viens pour la gronder, et si elle tardait, ma colère n'aurait qu'à se passer... bon... elle n'en aura pas le tems, car j'apperçois ma nièce.

SCENE XII.

Les Mêmes, MLLE. LEGRIS, CATHERINE.

BESICLE.

Ah! parbleu, ma nièce, je te rencontre à propos, pour te faire une scène; tu as vingt-neuf ans, c'est bien près de la trentaine, tu ne te maries pas, et on tient dans le quartier des propos qui ont couru jusque sur le quai de la Mégisserie.

MLLE. LEGRIS.

Quelle femme en est à l'abri.

Air : *l'Amour ainsi qu'la Nature.*

Sur la pointe d'une aiguille,
On vétille,
L'on babille.
Mais il faut sans nuls égards
Laisser jaser les bavards.
On vous aura dit, je gage,
L'un ceci, l'autre cela. .
Une fille honnète et sage
Méprise ces propos là.

BESICLE.

Voilà justement, ce qu'on m'a dit, et moi, pour faire cesser ces propos, je viens te proposer un époux.

MLLE. LEGRIS.

Un époux !

BESICLE.

De mon choix, M. Navette, marchand de fil de Bretagne, qui a un magasin de toile à Laval, et une fabrique de cretonne à Lisieux, qui vous fournira de l'œil de perdrix, et du grain d'orge à discrétion. C'est un joli parti pour une lingère.

MLLE LEGRIS, *à part.*

Je n'ose lui parler de Bonne-Grâce.

BESICLE.

Tu réfléchis ?

MLLE. LEGRIS.

Voulez-vous que j'épouse cet homme sans le connaître?

BESICLE.

Tu viens ce soir comme de coutume, jouer au loto chez moi, tu l'y trouveras et tu feras la poule avec lui. C'est un bon garçon, et il te rendra heureuse.

MLLE. LEGRIS.

Quoi, vous voulez ? . . .

BESICLE.

Je veux au moins que tu le voies, et je t'emmène de gré ou de force.

MLLE. LEGRIS.

De bon gré, mon oncle; il n'en sera d'ailleurs ni plus ni moins. Je sors, Mesdemoiselles, fermez la boutique et ne recevez personne.

MINETTE.

Mais, ma cousine, si M Bonne-Grace venait ?

MLLE. LEGRIS.

Lui moins que tout autre, mesdemoiselles.

BESICLE.

Adieu, petites. Viens, ma nièce, tu verras que mon marchand de toile n'est pas si déchiré.   (*Ils sortent.*)

(17)

CATHERINE.

Je vais fermer le magasin.

LOUISON.

Et moi la boutique.

SCENE XV.

MINETTE, URSULE.

URSULE.

Nous voilà seules, et il faut penser aux moyens.

MINETTE.

J'y ai songé. Le clincailler ne manquera pas de revenir, comme il me l'a promis; il faut le bien recevoir, lui donner même des espérances; je me charge du reste.

SCENE XVI.

MINETTE, URSULE, LOUISON, *accourant*, BONNE-GRACE *ensuite tenant à la main une flèche de lit, et une pomme d'or.*

LOUISON.

Ah ! mon dieu, mon dieu !

MINETTE et URSULE.

Qu'a-t-elle donc?

BONNE-GRACE.

Comme vous courez, charmante Louison.

Air : *Vaudeville de l'Epreuve villageoise.*

Le Dieu de Cithère,
S'il était sur terre,
Ne pourrait, ma chère,
Vous prendre, ma foi,
Il a des aîles, je croi...
Quand je vois
Votre minois,
Je ne touche pas à terre.
(*Il se pose un pied en l'air.*)

TOUTES TROIS. *l'entourant.*
Du Dieu de Cithère,
C'est la mine fière,
L'air malin, sévère,
L'œil grivois,
Sournois ;
Si vous aviez son carquois,
Et ses aîles, je crois,
On vous prendrait pour lui sur terre.

URSULE.

Air : *l'Amour est un Enfant.*

Oui, mais l'amour est un trompeur,
Dit-on, pour l'ordinaire.

M. *Bonne-Grace.*   3

LOUISON.
Oui, vraiment, et de lui j'ai peur ;
Il faut le fuir, ma chère.

MINETTE.
Cessez d'avoir de la frayeur ;
Quand il est fait comme Monsieur,
Quel mal pourrait-il faire ?

BONNE-GRACE.
Le compliment est trop flatteur, mademoiselle Minette.
Il faut pour cela, petite chatte, que je vous embrasse !
Minette, se sauve, il la poursuit autour du théatre,
toujours avec sa flèche.

MINETTE.
Air : *du Zéphir.*

Fuyons,
Evitons
Le danger
D'un baiser,
Car l'amour,
Chaque jour,
Caressant
Et blessant,
Par ses
Malins traits,
Fait jaillir
Le désir,
Et quand il a séduit,
Il s'enfuit.

BONNE-GRACE.
Quoi ! belle
Rebelle,
Quand l'amour t'appelle,
Tu peux refuser
De donner un baiser ?

MINETTE.
Sans doute,
Sans doute.

BONNE-GRACE, *allant à Ursule.*
Ah ! coûte qui coûte,
Je l'aurai vraiment,
En le volant.

TOUTES , *fuyant.*
Néant !

(*Il les poursuit en faisant le pas de zéphir, elles font le*
tour du théâtre en chantant.)
Fuyons,
Evitons, etc.

BONNE-GRACE, *n'en peut plus et tombe sur un tabouret.*
Ouf !...

MINETTE.
Voilà l'amour aux abois.

BONNE-GRACE.
Vous me faites courir comme un diable, il n'y a pas
d'amour qui puisse tenir avec vous.

MINETTE.

Fort bien, vous venez nous en conter; mais vous avez
promis le mariage à notre cousine.

BONNE-GRACE.

Prétexte pour venir ici vous voir.

MINETTE.

Mais laquelle aimez-vous de nous trois ?

BONNE-GRACE, *embarrassé.*

Ah ! puis-je le dire devant les deux autres ?

URSULE.

Oui, nous ne nous fâcherons pas.

LOUISON.

Choisissez.

MINETTE.

Prononcez.

BONNE-GRACE.

(*Bas à Minette.*) Je vous adore. (*A Ursule.*) C'est
vous que j'aime. (*A Louison.*) Vous avez mon cœur.

MINETTE.

Pourquoi répondre à chacune en particulier, parlez
haut.

(*Elles se placent toutes trois devant lui. Il s'appuie sur sa
flèche, et tient à la main sa pomme d'or. Tableau pa-
rodié du Jugement de Pâris.*)

Air : *Etourdi volontaire.* (Du Mur mitoyen.)

MINETTE.

Suis-je la plus jolie ?

URSULE.

Suis-je la plus chérie ?

LOUISON.

M'aimez-vous pour la vie ?

BONNE-GRACE.

Oui, j'en jure ma foi.

MINETTE.

Je suis la plus jolie.

URSULE.

Je suis la plus chérie.

LOUISON.

Il m'aime pour la vie.

BONNE-GRACE.

Oui, vraiment, croyez moi.

TOUTES TROIS.

Expliquez (bis.) ce mystère;
De nous trois laquelle a su vous plaire ?

BONNE-GRACE.

Quel embarras !
Je n'ose pas   (bis.)
Choisir entre de si jolis appas.

TOUTES TROIS.
Sans nul sursis,
Nouveau Pâris ,
Il faut donner la pomme.
BONNE-GRACE.
J'en voudrais trois ,
Mais faire un choix
Je suis trop habile homme.
ENSEMBLE.

TOUTES TROIS.	BONNE-GRACE.
Expliquez (bis) ce mystère ,	Ce n'est point (bis) un mystère
De nous trois laquelle a su vous plaire ?	Toutes trois vous avez de quoi plaire ?
Quel embarras !	Quel embarras !
Il n'ose pas	Je n'ose pas
Choisir entre de si jolis appas.	Choisir entre de si jolis appas.

(Pendant la ritournelle elles veulent lui enlever la pomme qu'il finit par mettre dans sa poche.)

MINETTE.
Dieu ! qu'entends-je... on vient, c'est Mademoiselle Legris , elle a défendu de laisser entrer personne, si elle vous voit que va-t-elle dire ?

BONN1-GRACE.
Je dirai que...

MINETTE.
Fort bien ; mais nous autres, que dirons nous ? commencez par vous cacher dans le comptoir, nous verrons après.

(Elle le cache sous le comptoir.)

SCENE XVII.
LES MEMES , DOUCET , SAINT-LEGER.
DOUCET.
Vous voyez que l'amour
Hâte notre retour.
SAINT-LÉGER.
Air *de la catacoua.*

Pour être au rendez vous fidèle ,
Je vous avouerai sans façon,
Que ce soir j'ai laissé , ma belle,
Mes écolières sans leçon;
Non pas que je vous le reproche ,
J'en suis bien incapable; mais
Tous comptes faits,
Quand je me mets
Pour vos attraits ,
D'aussi bon cœur en frais,
Cela détourne de ma poche
L'argent de huit ou dix cachets.

BONNE-GRACE, *passant sa tête par le trou du comptoir.*
Ah! çà ; mais dites-donc, ces messieurs ne sont pas votre cousine, qu'est-ce que je risque à me découvrir ?

MINETTE, *lui donnant un coup d'aiguille.*

Paix !

BONNE-GRACE.

Ah *!* çà pique.

MINETTE.

Je vous avais dit tantôt que je trouverais le moyen de forcer ma cousine de consentir à notre mariage, j'avais tendu mes filets, en conséquence, l'oiseau vient de s'y prendre. (*Elle fait signe que Bonne-Grace est caché.*)

BONNE-GRACE, *passant sa tête.*

Qu'est-ce à dire, Mademoiselle , est-ce que ?...

MINETTE *lui donne une tape , et pose un bourlet sur sa tête.*

Paix !

BONNE-GRACE.

Minette , patte de velours !

SAINT-LEGER.

A propos d'oiseau , quel est donc ce bruit qui circule de la cour Batave au Cloitre Sainte-Opportune , et qui veut qu'un certain Bonne-Grâce s'introduise furtivement dans ce magasin. (*Bonne-Grace rentre sa tête.*)

DOUCET.

Eloignez de mon cœur
Ce sujet de frayeur.

SAINT-LEGER , *s'approchant du comptoir.*

Si jamais il se trouve sous ma main...

MINETTE.

N'en dites pas de mal.

SAINT-LEGER.

Vous prenez son parti , il y a quelque chose là dessous... que je le rencontre , et je lui donne une leçon de danse sans cachet.

URSULE. *bas à Bonne-Grace.*

Montrez vous donc , à présent.

BONNE-GRACE.

Non pas , non pas.

MINETTE.

Air : *Lison dormait.*
Paix , j'entends parler dans la rue ,
C'est ma cousine qui revient.

SAINT-LEGER.

Comment nous soustraire à sa vue ?

MINETTE.

Voici le moyen qui me vient.

SAINT-LEGER.

Vous connaissez une cachette?

MINETTE.

Elle est toute prête , déjà
Vous par ici , puis vous par là.

(*Elle les cache derrière les robes qui sont aux porte-manteaux.*)

Je crois que plus d'une fillette,
S'arrangerait fort bien, oui dà,
D'un magasin comme cela.

SCENE XVIII, et dernière.

Les mêmes, BESICLE, MLLE. LEGRIS.

BESICLE.

Allons, encore un mariage de rompu ! au second tour
de loto, vous brusquez le marchand de fil; piqué avec
raison, il quitte la partie.

MLLE. LEGRIS.

Eh ! bien, mon oncle, qui quitte la partie la perd.

BESICLE.

Air : *Il faut que l'on file.*

La parti n'était pas mince,
Car il apportait demain
Tout le fil de sa province,
Pour emplir ce magasin.

MLLE. LEGRIS.

Tant de fil m'est inutile,
Et j'aime mieux, aujourd'hui, (*bis*)
Qu'en Bretagne il file, file, file,
Et garde son fil pour lui.

BESICLE.

C'est là ton dernier mot ?

MLLE. LEGRIS.

Si vous voulez que nous restions amis, il ne faut plus
m'en parler. (*A ses demoiselles.*) Eh ! bien, que faites
vous donc là, Mesdemoiselles ? je gage que vous n'avez
pas songé à la commande de monsieur Bonne-Grace.

MINETTE.

Il nous a été présent toute la soirée.

MLLE. LEGRIS.

Voyez-vous çà ?

BESICLE.

Tenez, ma nièce, j'y vois clair, je ne suis pas marchand
de lunettes pour rien, et je parie que ce monsieur Bonne-
Grace entre pour quelque chose...

MLLE. LEGRIS.

Dans mon refus? il y entre pour beaucoup, mon oncle.
Ah ! çà, Mesdemoiselles, qu'avez-vous donc fait toute
la soirée ? je suis curieuse de le voir.
(*Minette se dérange, et mademoiselle Legris se dispose
à prendre sa place.*)

BESICLE.

Ma nièce, ma nièce, il y a quelqu'un ici de caché, je
vois des pieds !

MLLE. LEGRIS, *s'arrétant.*

Comment? (*Les amans sortent de leurs cachettes
Bonne-Grace à genoux, entraîne le comptoir.*

MLLE. LEGRIS.

Air : *Ah ! quel scandale.*

Vos amans, quelle trahison ,
Quel déshonneur pour la maison.

MINETTE.

Ce n'est point une trahison
Sur vous nous avons pris leçon.

MLLE LEGRIS.

Que dites-vous ?

LES JEUNES FILLES.

Point de courroux ,
Car le vôtre est à vos genoux.

BESICLE.

Tremblez , craignez notre courroux.
Qu'il soit aujourd'hui , dès aujourd'hui son époux.

LES AMANS.

Point de courroux , (*bis.*)
C'est un époux, (*bis.*)
Que vous voyez à vos genoux. (bis.)

MINETTE.

M. a reconnu ses torts, il a désiré obtenir sa grace , et nous l'avons obligé de vous la demander à genoux.

MLLE. LEGRIS.

Ingrat, tu connais donc enfin le prix de ce cœur ?

BONNE-GRACE.

Du tout; c'est un guet-à-pens , je réclame.

BESICLE.

Surpris nuitamment chez une demoiselle , il y a séduction, et commencement de rapt.

BONNE-GRACE.

Comme si l'on séduisait une femme de 29 ans.

BESICLE.

On les séduit à tout âge.

SAINT-LEGER.

Ah ! çà , monsieur Bonnegrace, dépêchons, je vous prie , nous sommes pressés , et comme nous ne passons qu'après vous, en avant deux.

BONNE-GRACE.

En avant deux , monsieur le maître de danse , çà vous est facile à dire.

DOUCET.

L'hymen a des douceurs
Qui séduisent les cœurs.

BESICLE.

Sans doute , et ne me forcez pas d'employer la rigueur.

TOUTES LES FILLES,

M. Bonne-Grace , mariez vous donc.

BONNE-GRACE.

Qu'il est dur , à la fleur de son âge....

SAINT-LEGER.

Te maries-tu de bonne grace ?

BONNE-GRACE.

Oui, oui ! j'épouse... et flattez vous, Mademoiselle, que quand vous serez mariée, vous aurez bonne grace au comptoir.

MLLE. LEGRIS.

Allons, mes enfans, suivez mon exemple, je ne voudrais pas être seule heureuse.

VAUDEVILLE.

Air *de l'Impériale.*

SAINT-LEGER.

L'amour
Fait chaque jour
Plus d'un bon tour,
Et tour à tour,
Bourgeois
Et rois,
Suivent les lois
D'un dieu sournois,
Grivois.

TOUS.

L'amour, etc.

SAINT-LÉGER, *à Bonne-Grace.*

Que l'amour
Pour
Ta femme
Enflâme
Ton âme,
Ou tu sauras comme il faut
Bientôt
Qu'auprès du plus subtil,
Une lingère a le fil.

TOUS.
L'amour, etc.

MINETTE, *au Public.*

Venez souvent, et faites
Emplettes, (bis.)
Que par vous le magasin,
Soit plein,
Et soldez vos paiemens,
En bons applaudissemens.

L'amour, etc.

Le volage surpris
Par nous est pris,
Ah ! puissions nous
Vous fixer tous
Et chaque soir
En ces lieux vous revoir.

FIN.

www.ingramcontent.com/pod-product-compliance
Lightning Source LLC
LaVergne TN
LVHW011028050726
842519LV00004B/1269